L'EUROPE

ET

LA FRANCE

EN PRÉSENCE

DE LA SITUATION ACTUELLE

PARIS

E. DENTU, LIBRAIRE-ÉDITEUR

PALAIS-ROYAL, 17-19, GALERIE D'ORLÉANS

1872

L'EUROPE ET LA FRANCE

EN PRÉSENCE

DE LA SITUATION ACTUELLE

PARIS
IMPRIMERIE BALITOUT, QUESTROY ET Cᵉ
rue Baillif, 7.

L'EUROPE

ET

LA FRANCE

EN PRÉSENCE

DE LA SITUATION ACTUELLE

PARIS

E. DENTU, LIBRAIRE-ÉDITEUR

PALAIS-ROYAL, 17 ET 19, GALERIE D'ORLÉANS

187⊾

Tous droits réservés

L'EUROPE ET LA FRANCE

EN PRÉSENCE

DE LA SITUATION ACTUELLE

Parmi les importantes questions que l'Assemblée nationale aura à résoudre dans le cours de la session actuelle, devront se présenter celles qui se rapportent à la libération complète du territoire et au paiement des trois derniers milliards de l'indemnité de guerre. L'urgence d'une solution est d'autant plus pressante que, tant que ces questions ne seront pas réglées, l'Europe entière se trouvera dans une situation provisoire fort équivoque, par suite des conditions anormales dans lesquelles se trouve la France au point de vue international, en raison de l'occupation étrangère ; ce qui paralyse et rend fort difficile son action diplomatique dans les questions d'intérêt général d'ordre européen. C'est aussi ce qui explique mieux que tout autre argument l'attitude qu'a dû prendre le gouvernement français à la suite des pétitions catholiques concernant le pouvoir temporel. Mais la question romaine est d'une gravité trop considérable pour la France, par suite de l'attitude exceptionnelle qu'elle a prise dans cette question depuis 1848, pour qu'elle puisse l'abandonner indéfiniment à la merci de l'imprévu ; et, en attendant que la France ait recouvré la liberté entière de son action diplomatique, ne serait-il pas opportun d'envisager la question romaine dans toute son importance actuelle, au point de vue des rapports du Saint-Siége avec les gouvernements. Or, ces rapports se trouvent dane une situation si anormale, que, s'il n'y est pas avisé, ils ne sauraient tarder à entrer dans un état de perturbation complète.

Car si c'est la loi des garanties qui doit être la base définitive de l'indépendance du Saint-Siége, n'est-il pas illogique de la part des gouvernements d'entretenir des agents diplomatiques auprès du Souverain-Pontife, parallèlement avec le gouvernement italien, ce qui ne saurait entraîner que des complications de rapports, comme du reste l'a déjà notifié le gouvernement de la Confédération Helvétique. Si, au contraire, les puissances ne considèrent pas comme complétement annulés les arrangements qui ont été pris entre elles concernant l'indépendance du Saint-Siége, ne pourraient-elles point tenter de s'entendre pour mettre un terme à la situation actuelle, qui présenterait les plus étranges anomalies, si certaines circonstances venaient à se produire, et ce qui rendrait impossible la prolongation de l'état de choses dans lequel se trouve la Papauté vis-à-vis de l'Italie ?

Ainsi, dans le cas où la loi des garanties serait admise comme base générale des rapports entre le Saint-Siége et les gouvernements, s'il survenait avec un État quelconque un incident analogue à celui qui eut lieu sous Louis XIV entre la Cour de Rome et le gouvernement français, représenté alors par le marquis de Créqui, serait-ce le roi d'Italie qui serait juge et arbitre dans un pareil conflit, puisque c'est le roi d'Italie qui est actuellement le détenteur du Saint-Siége?

Si, au contraire, un différend venait à se produire entre le royaume d'Italie et un autre État, le représentant de cet État pourrait-il continuer à tenir sa résidence à Rome? Certainement, cette situation serait complétement inadmissible; ce qui entraînerait forcément la rupture des relations de cet État avec le Saint-Siége, et ce qui démontre aussi toute l'inanité de la loi des garanties comme base de rapports entre le Saint-Siége et les gouvernements. En présence de la possibilité de pareilles complications et des protestations réitérées de la Cour de Rome, une solution devient chaque jour de plus en plus urgente.

Dans un de ses messages à l'Assemblée nationale, M. Thiers a parlé de l'émotion que la France éprouve, ainsi que les autres puissances, en présence de la situation actuelle. La responsabilité qui pèse sur la France dans la question romaine par suite de l'attitude particulière qu'elle a prise dans cette question, lors de la République de 1848, est trop considérable pour qu'elle ne puisse pas en être préoccupée.

Quant aux autres nations, elles ne sauraient sans doute avoir qu'un désir, c'est que la France, dans les conjonctures présentes, soit conséquente avec les traditions de son passé et avec les nécessités du présent et de l'avenir. Or, toutes les nations étant plus ou moins solidaires dans la situation actuelle, elles ne sauraient certainement formuler qu'un vœu, c'est que la question romaine reçût une solution équitable et satisfaisante pour tous les intérêts, et puisque la Confédération Helvétique a saisi la diplomatie d'une notification relativement à la représentation diplomatique auprès du Saint-Siége, les puissances ne pourraient-elles point prendre en considération cette notification, pour tenter d'arriver à un accord général et satisfaisant pour toutes les parties intéressées, malgré toutes les difficultés que pourraient présenter une pareille tentative?

Car, si l'on envisage la question romaine au point de vue des rapports du Saint-Siége avec tous les gouvernements, l'on ne saurait se refuser à l'évidence qu'il est impossible que ces rapports puissent continuer à exister dans les mêmes conditions sans aboutir à quelque impasse sans issue. Ainsi, dans la situation de l'Italie vis-à-vis du Saint-Siége, malgré la promotion des Évêques, les rapports sont plus apparents que réels, et, pour ce qui regarde la logique, elle n'est pas tout à l'avantage de l'Italie.

En effet, la prétention du gouvernement italien de ne tenir aucun compte des réclamations du Saint-Siége tout en protestant de sa fidélité à l'Église catholique romaine, est certainement d'une assez grande inconséquence, car si le Souverain-Pontife déclare que son autorité spirituelle ne peut subsister sans l'indépendance complète de tous les établissements religieux qui constituent le véritable domaine spirituel du Saint-Siége, l'expropriation de ces établissements par le gouvernement italien est la négation flagrante de la loi des garanties.

Il est vrai de prendre en considération également que la Papauté ayant donné elle-même la première impulsion au mouvement de l'émancipation, et par conséquent de l'unification nationale de l'Italie, la Papauté se trouve actuellement en présence du dernier résultat logique de cette impulsion,

qui s'est résumée par l'absorption complète du pouvoir temporel, et que la part de responsabilité qui revient à la Papauté, et qui, du reste, ne saurait que lui faire honneur dans
ce grand travail de transformation de la péninsule italienne,
doit modifier considérablement la nature des réclamations
que le Souverain-Pontife pourrait formuler quant au pouvoir
temporel lui-même. Il y a, en outre, un élément qui compli-
que particulièrement la question romaine, c'est la part que
la France y a prise depuis 1848 et 1849. Quant à l'attitude
de la France dans cette question, c'est à la République de 1848
qu'en revient la responsabilité, ce dont on ne saurait lui en
faire un grief, car cette attitude était dictée par les nécessités
traditionnelles de la France. Quelles sont actuellement les
vues du parti républicain en France concernant la question
romaine? C'est ce que n'ont pas encore fait savoir les délibé-
rations de l'Assemblée, et il est très naturel que dans les
préoccupations qui absorbent actuellement la France il lui a
été impossible de prendre une attitude plus prononcée; mais
comme c'est autour de cette question que gravitent des intérêts de premier ordre qu'il importe à l'Europe de satisfaire,
la France ne saurait tarder à se prononcer plus nettement
sans manquer à la responsabilité qu'elle a assumée antérieu-
rement.

Quant aux autres puissances, leur situation n'est pas moins
anormale vis-à-vis du Saint-Siége, et elles auraient également
ment intérêt à régulariser leurs rapports avec le Vatican.
Ainsi, pour ce qui regarde l'empire austro-hongrois, on se
rappelle la note-circulaire du prince Hohenlohe, ministre
président du conseil de Bavière, au sujet du Concile, et la
réponse déclinatoire du comte de Beust à cette communica-
tion. Comment, après cette réponse, le gouvernement aus-

tro-hongrois peut-il mettre un évêque à l'interdit dans une partie de l'empire parce qu'il proclame le dogme de l'infailli- bilité pontificale, lorsque dans l'autre partie de l'empire, on ne reconnaît pas les droits ecclésiastiques des prêtres vieux- catholiques? Or, quel est le système que représente l'envoyé austro-hongrois auprès du Saint-Siége?

Quant à l'empire d'Allemagne, le conflit qui s'est élevé entre le Gouvernement et les Évêques est la conséquence naturelle de l'équivoque de la situation actuelle. L'ensemble de toutes ces anomalies amène incidemment à envisager également la question dogmatique au point de vue de la lo- gique.

Dans le congrès des Vieux-Catholiques qui s'est tenu à Munich, l'appel au Gouvernement, pour obtenir les préroga- tives de droit commun, est parfaitement fondé ; mais l'appel au Gouvernement, de se faire arbitre en dernier ressort de la question dogmatique, ne peut entraîner qu'une consé- quence, l'ingérence de l'Église dans les affaires de l'État, et si les Vieux-Catholiques, — qui feraient mieux de s'intituler les nouveaux dissidents de l'Église romaine, — ne veulent pas admettre le dogme de l'infaillibilité, qu'ils se bornent à constituer l'église ou les églises qui leur conviennent, si cela leur est possible ; mais prétendre rester dans l'Église ro- maine et en dehors de l'Église romaine, comme le veulent forcément les RR. Hyacinthe et Dœllinger, c'est non seule- ment illogique, mais encore c'est l'inquisition et la torture de la logique. Le principe d'autorité étant la base fonda- mentale de l'Église romaine, et pour ainsi dire la clef de voûte de tout l'édifice catholique romain, du moment que l'on ne veut pas admettre cette autorité dans les conditions où l'ensemble et la majorité de cette Église l'admettent, c'est s'excommunier soi-même, comme l'ont très plausiblement remarqué les Évêques dans leur Adresse à l'empereur d'Allemagne, et les revendications des dissidents sur les églises catholiques romaines, ainsi que le droit pour les prêtres vieux-catholiques de porter le même costume que le clergé catholique romain, semble d'une complète inconséquence et ne saurait que causer des embarras aux gouvernements.

Or, pour mettre un terme à ces complications, ne serait-il pas rationnel pour les gouvernements de rapprocher autant que possible leur législation de la législation belge, qui est celle où peuvent se produire le moins de froissements entre l'Église et l'État?

Quant aux rapports du Saint-Siége avec les gouvernements, si l'idée d'un arbitrage pouvait être acceptée, les puissances ne pourraient-elles point unir leurs efforts pour tenter de résoudre la question des rapports du Saint-Siége avec l'Italie, sans lesquels ne pourraient être établis de rapports définitifs entre le Saint-Siége et les autres États.

Pour arriver à cette solution, il s'agirait d'abord de démontrer tout ce qu'il y a d'illogique dans la situation de l'Italie vis-à-vis de la Papauté.

Si, en effet, l'Italie, en complétant son unité nationale, s'était constituée en une Église nationale avec un patriarche national à la tête de son clergé, il rentrerait dans l'ordre des choses que le chef de cette Église acceptât la sujétion vis-à-vis du roi d'Italie; mais du moment que l'Italie reste dans le giron de l'Église catholique romaine, c'est-à-dire d'une église à attributions universelles, la Papauté ne saurait accepter la situation qui lui est faite par la loi des garanties, et tous les gouvernements devraient prendre en considération cette situation inadmissible.

D'un autre côté, la Papauté ayant donné la première impulsion à l'émancipation de l'Italie, et ayant par là implicitement reconnu la validité du principe national, il s'agirait de trouver une solution qui pût satisfaire à ces deux ordres d'exigences, c'est-à-dire que la nouvelle situation de la Papauté pût concilier en même temps les nécessités du droit national avec les nécessités inhérentes au chef spirituel de l'Eglise romaine.

Or, si les Italiens doivent quelque reconnaissance au Saint-Père pour avoir inauguré l'ère de l'affranchissement de la domination étrangère, ils ne sauraient faire moins que de constituer au Pape une situation qui fût en harmonie avec les exigences de la souveraineté pontificale.

Quant aux autres puissances, ne devraient-elles point prendre en considération que si les églises séparées de l'Eglise romaine se sont placées sous le protectorat de la souveraineté politique, le chef de l'Eglise romaine doit avoir une situation d'indépendance équivalente, mais cette situation ne saurait plus être celle qui a été faite à la Papauté par les traités de 1815, et qu'elle a renversée elle-même en inaugurant pour l'Italie le mouvement de l'émancipation nationale : de plus, il y a la convention de septembre, qui a invalidé également les arrangements basés sur les traités de Vienne.

Il ne resterait donc plus, pour trouver une base historique et traditionnelle, qu'à remonter à la fondation primitive du pouvoir temporel par Charlemagne, en tâchant d'y faire entrer ce que nécessiterait les exigences du principe national, qui n'existait point alors, et de remplacer le principe de la délégation impériale, qui fut le premier échelon du pouvoir temporel, par le principe de la délégation nationale.

Car, lors de la fondation du pouvoir temporel, Rome était gouvernée par des exargues qui étaient les délégués des empereurs d'Orient, et lorsque Charlemagne institua le pouvoir temporel il ne pouvait pas donner à la Papauté ce qui, en droit, ne lui appartenait pas encore à lui-même, et ce n'est que dans la suite, lorsque les relations s'établirent entre l'Empire d'Orient et l'Empire d'Occident, que fut légalisée la fondation du pouvoir temporel.

Actuellement, c'est la nation italienne qui possède de fait le territoire romain, mais comme c'est l'Italie qui, plus que toute autre nation, a contribué à la formation et à la conception de l'Église romaine, qui est une création essentiellement latine, par la situation que l'Italie fait actuellement à la Papauté, elle va à l'encontre de ses propres antécédents, ce qui la place aussi dans une situation illogique vis-à-vis du Saint-Siége, vis-à-vis d'elle-même et vis-à-vis des autres nations.

De plus, lorsque la Papauté invoqua l'intervention de la France pour la délivrance du Saint-Siége de l'invasion des Lombards, peuple d'origine germanique, ce fut le premier lien de solidarité qui s'établit alors entre les peuples qui devaient constituer, plus tard, l'ensemble de la race latine, et, en rompant ce lien par le renversement complet du pouvoir temporel, l'Italie brise en même temps toute la trame historique de son passé, au point de vue politique comme au point de vue religieux, et elle ne saurait échapper aux inconvénients de cette inconséquence.

Il est cependant un point sur lequel certainement il semblerait que l'Italie ne pourrait pas revenir, ce serait sur la forme cléricale de l'administration de l'État romain et qui a eu sa raison d'être lorsque l'Église romaine a été l'éducatrice des peuples d'Occident, mais qui ne saurait plus être en harmonie avec les temps actuels.

Au moyen âge l'Europe a été couverte de principautés ecclésiastiques, dont les restes ont été abolis en 1815, malgré les protestations du Saint-Siége, et le pouvoir temporel avec une administration civile, régie par le clergé, semble par la force des choses rentrer dans la même catégorie ; mais la situation particulière du Souverain-Pontife ne pouvant se concilier avec l'état de sujétion vis-à-vis d'un chef d'État, le Pape étant le chef spirituel d'une Église appartenant à différentes nationalités, l'Italie ne pourrait-elle point admettre que le pouvoir temporel dans la limite de la donation de Charlemagne devint une délégation sécularisée de la nationalité italienne, consacrée à l'indépendance spirituelle du Souverain-Pontife et régie par une administration civile, dont le Pape serait le souverain.

Si le Saint-Siége, ni l'Italie, ne voulaient de cette solution, et si la question romaine aboutissait à une rupture complète entre le Vatican et le gouvernement italien, les puissances ne pourraient-elles point tenter de s'entendre avec l'Espagne, si les circonstances le permettent, pour neutraliser provisoirement l'île de Majorque, afin que la Papauté pût s'y retirer avec tous les ordres qui voudraient l'y suivre jusqu'à ce que la France, fondatrice du pouvoir temporel, ait un gouvernement définitif, et pût prendre la part qui lui revient dans cette question, selon ses antécédents historiques et traditionnels, et dans la mesure que ne saurait assumer un gouvernement ayant un mandat spécial et limité à la réorganisation intérieure du pays.

Il semblerait peut-être bien ardu pour les puissances

de songer à faire revenir l'Italie sur la question de Rome comme capitale ; mais si l'on envisage cette question au point de vue de la logique, il peut paraître dans la nécessité des choses que l'Italte soit obligée d'en venir d'elle-même à cette alternative, pour la raison que la loi des garanties ne saurait être acceptée logiquement par les puissances comme base de relations internationales avec le Saint-Siége, de plus la coexistence du Souverain-Pontife et du gouvernement Italien dans la ville de Rome peut être considérée comme inadmissible, et l'argument de l'Église libre dans l'État libre, ne saurait être accepté pour la raison qu'il y a telle forme d'Église qui peut ne pas être compatible avec telle forme de gouvernement.

Et pour citer un exemple, on pourrait avancer celui de la Russie où le Patriarcat, dont le principe autoritaire était moins accentué que celui de la Papauté, dut disparaître lorsque l'empereur Pierre-le-Grand voulut procéder au grand travail de transformation de son empire. Or, la coexistence du gouvernement Italien avec la Papauté dans la même ville, aboutirait au même résultat. Il n'y eut point d'inconvénient général de la disparition du Patriarcat en Russie, et de son remplacement par un synode pour la raison que l'Église russe, en dehors de la catholicité est une Église nationale ; mais pour l'Italie la question est différente, le Pape étant le chef d'une Église appartenant à différentes nationalités, l'Italie n'est pas libre de détruire du jour au lendemain la base séculaire sur laquelle repose l'Église romaine, tant qu'elle reste elle-même dans le giron de cette Église.

Le temps de l'occupation de Rome par le gouvernement italien n'aurait pas été perdu, si l'Italie restituait la Ville-

Eternelle à la Papauté, puisqu'il aurait pour résultat la sécularisation de l'Etat romain.

Quant aux dépenses que l'Italie a faites pour le transfert de la capitale, elles pourraient être utilisées par l'administration de l'État romain s'il venait à se constituer.

Si l'idée d'un arbitrage pouvait être acceptée par les puissances, cette démarche ôterait alors à la nomination par la France d'un ministre auprès du roi d'Italie, tout ce qui pourrait sembler un abandon des intérêts catholiques, et cette démarche étant entreprise en même temps que d'autres puissances, l'Italie ne saurait s'en prendre à la France seule d'être amenée à se mettre dans la logique vis-à-vis du Saint-Siége.

Il va sans dire que l'arbitrage proposé ne saurait être collectif, mais chaque puissance ayant des représentants auprès du Saint-Siége et du gouvernement italien, présenterait séparément ses vues aux deux parties en litige et, selon le plus ou moins d'ensemble de ces vues, le Saint-Siége et l'Italie décideraient de leur attitude ultérieure.

Traitée dans ces conditions, la question romaine pourrait peut-être arriver à une solution dont la nécessité devient chaque jour plus urgente, non-seulement pour la France, mais encore pour toutes les puissances européennes; et les atermoiements indéfinis de l'Assemblée pour résoudre cette question ne sauraient correspondre aux nécessités de la situation actuelle et à la responsabilité qu'a assumée la France depuis 1848, et dont l'Assemblée nationale a accepté l'héritage en réservant les droits du Saint-Siége.

Mais pour que la France puisse prendre sa part légitime à la solution de quelque question que ce soit d'ordre européen, sa diplomatie ne saurait s'y associer tant qu'une partie de son territoire sera occupée par les troupes étrangères, ce qui constitue un état anormal, et c'est ce qui rend aussi la question de l'évacuation du territoire d'une importance si urgente.

Or, pour arriver à une solution prompte de cette question, un arrangement, en partie diplomatique et en partie financier, ne pourrait-il point être accepté d'un commun accord entre toutes les grandes puissances, en se basant sur les considérations suivantes.

Si c'est par voie d'emprunts que la France veut se libérer et payer les trois derniers milliards de l'indemnité de guerre, n'y aurait-il pas lieu de craindre de nouvelles secousses financières, par suite du déplacement de sommes aussi considérables; pour éviter cette éventualité, qui pourrait être préjudiciable à toutes les puissances sans exception, la solution suivante ne pourrait-elle pas être acceptée?

Le gouvernement impérial allemand négocie actuellement, pour faire entrer le réseau des chemins de fer du Luxembourg dans le réseau allemand. Si les négociations arrivent à un résultat satisfaisant, le Luxembourg ayant ses voies ferrées en connexion complète avec les voies allemandes et faisant, en outre, partie de l'union douanière-allemande, c'est-à-dire constituant avec l'Allemagne, au point de vue économique, un seul organisme, pourrait-il être considéré comme étant dans les conditions complètes de neutralité vis-à-vis de l'Allemagne? Si cette concession était accordée par les puissances signataires du traité de garantie de la neutralité du Luxembourg, cette concession dépasserait certainement les limites fixées par ce traité, d'autant plus que les puissances protectrices de la neutralité belge n'envisagèrent pas sans appréhension, la possibilité pour la France d'acquérir de pareilles concessions en Belgique. Or, ne serait-il pas plus rationnel d'accéder alors à l'entrée complète du Luxembourg dans l'Empire germanique, comme État autonome, avec le prince Henry des Pays-Bas comme souverain, et du consentement du roi de Hollande, qui serait indemnisé par l'Allemagne de ses droits d'apanage et de souveraineté.

En revanche de cette concession, l'Allemagne réduirait sa créance de 1,740 millions, et les 1,260 millions restant seraient payés, à raison d'un million par jour, ou trente millions par mois, dans l'espace de trois ans et demi, à partir du 1ᵉʳ juillet de l'année présente, au moyen d'un impôt basé sur les conditions et considérations suivantes :

Il y a bien en France deux à trois cent mille fortunes mobilières et foncières dont le revenu dépasse vingt mille francs par an et pour lesquelles un impôt proportionnel de un à deux francs par jour ne serait pas une charge exorbitante. Il y a bien en France trois à quatre cent mille fortunes dont le revenu varie entre vingt et dix mille francs et pour lesquelles le paiement d'un impôt de un franc à cinquante centimes ne serait pas une charge très pesante, enfin les fortunes au-dessous paieraient jusqu'à des fractions de centimes par jour.

Cet impôt serait basé sur le principe du suffrage universel, pour cette raison que la dernière guerre ayant été entreprise par un gouvernement choisi par le suffrage universel, n'est-ce pas au suffrage universel à en supporter les conséquences, et chaque électeur s'inscrirait volontairement selon ses moyens dans les proportions indiquées plus haut.

L'Assemblée nationale proposerait l'impôt par voie de plébiscite, et chaque électeur, si l'impôt était accepté, enverrait en même temps que son adhésion, le montant de son engagement; et s'il y avait surplus, le paiement en serait d'autant accéléré et la nation se constituerait ainsi garante responsable de sa propre dette.

Ce mode de solution financière serait d'autant plus avantageux que, dans le cas de non réussite de l'arbitrage de Genève, si un emprunt coïncidait encore avec les réclamations des Américains, dont on ne saurait, jusqu'à un certain point, admettre la validité au même titre que les réclamations allemandes, n'y aurait-il pas à redouter une crise financière assez sérieuse?

Or, la solution à laquelle veulent arriver l'Angleterre et les États-Unis, en écartant la question des dommages indirects, semble d'une équité bien équivoque pour pouvoir être admise par un tribunal quelconque, ce qui pourrait se démontrer par un argument bien simple.

Si un homme avait cassé la jambe à un autre homme sans prétexte avouable et ne prétendait lui payer que les frais de chirurgien, sans le dédommager des pertes que lui et sa famille auraient pu subir par suite de l'interruption de ses affaires, y aurait-il un tribunal au monde qui pourrait envisager cette question à un pareil point de vue? Or, du moment que l'Angleterre reconnaît en principe sa culpabilité d'avoir laissé sortir des corsaires armés de ses ports, c'est en vain qu'elle voudrait se refuser à reconnaître les préjudices indirects ou plutôt consécutifs qui en sont résultés, et vouloir faire admettre par un arbitrage diplomatique qu'il peut y avoir un malentendu quelconque et une fausse interprétation dans un litige pareil, n'est-ce pas décliner d'avance la compétence de l'arbitrage sur le point le plus important du litige. Si les États-Unis, de leur côté, retirent définitivement leurs réclamations sur les dommages indirects, ne sera-ce pas placer l'arbitrage dans une situation fort difficile en voulant lui faire sanctionner d'avance des cas analogues à celui de l'*Alabama*. Ce qui est d'autant plus difficile que l'Angleterre ayant signé au traité de Paris, ainsi que l'Italie, l'article concernant l'abolition de la *course*, comment l'Angleterre et l'Italie, dans un autre traité, pourraient-elles la sanctionner dans une certaine mesure? De plus, dans le cas où une insurrection éclaterait en Irlande, si soixante corsaires féniens sortaient des ports américains, l'Angleterre pourrait-elle ne redouter que les torts directs qu'ils pourraient lui causer? Du côté des Américains, le retrait des dommages indirects n'est pas moins insidieux, car si c'est pour se faire donner carte blanche pour toutes les entreprises de particuliers qui pourraient être tentées contre Cuba, par exemple, l'arbitre italien qui représente les intérêts de la race latine dans l'arbitrage, pourrait-il se prêter à une pareille condescendance. Toute cette question n'est qu'une affaire de corsaire à corsaire et demi, et l'Angleterre voudrait la résoudre par le proverbe : *Honny soit qui mal y pense;* mais certainement un tribunal sérieux ne saurait envisager ce litige et le résoudre dans des conditions aussi équivoques.

Le point de vue auquel se place l'Angleterre est d'autant plus inadmissible que les visées de la politique anglaise dans ses procédés ne pouvaient avoir qu'une portée secondaire, et l'on peut en constater l'évidence et la préméditation par les préjudices qui en sont résultés pour les Américains.

Il allait, en effet, de soi-même que les corsaires une fois partis, les primes d'assurances maritimes monteraient dans des proportions énormes ; ce qui est arrivé en effet, et a fait passer une partie considérable du commerce maritime des États-Unis à l'Angleterre.

Or, si jamais préjudice direct a été causé à un État par un État en rapports d'amitié, même de parenté, n'est-ce pas par l'attitude que l'Angleterre a prise pendant la guerre de la sécession.

Attitude d'autant plus équivoque que l'Angleterre donnait par là un démenti à la politique anti-esclavagiste qu'elle a suivie et prêchée elle-même depuis le traité d'Aix-la-Chapelle. Ce n'était donc que pour une fin essentiellement matérielle et mercantile qu'elle a usé de pareils procédés vis-à-vis des États-Unis.

Or, si l'on considère l'augmentation de la dette américaine qui est résultée de la prolongation de la guerre par suite des fournitures d'armes transportées par les forceurs de blocus dont l'entrepôt était aux Bermudes, si l'on y ajoute les pertes directes provenant de la destruction des bâtiments de commerce et les préjudices causés par la hausse des primes d'assurance maritime, l'on ne saurait s'étonner si les Américains formulent des réclamations qui soient à la hauteur des dommages qu'ils ont eu à subir, et si en présence de ces réclamations la France veut encore faire de gros emprunts, ne pourrait-il pas en résulter pour l'Europe une crise financière très sérieuse dont toutes les puissances auraient à soufffrir.

Pour ce qui concerne l'entrée du Luxembourg dans l'empire Germanique, l'Angleterre n'aurait sans doute guère d'opposition à formuler après les considérations émises par le gouvernement anglais sur la portée des traités de garantie.

Cette augmentation de territoire de l'empire Germanique ne saurait être d'un grand préjudice pour la France après la perte de Metz, et ce serait une acquisition assez importante pour que l'Allemagne pût se dédire d'une partie de l'indemnité de guerre que la France a encore à lui payer, si les puissances signataires du traité de garantie de la neutralité du Luxembourg accédaient à cette transaction, laquelle aurait l'avantage d'éviter une commotion financière, que pourrait peut-être produire le paiement intégral des 3 milliards, sans compter les préjudices qui résulteraient d'un changement complet de politique commerciale de la France en appliquant l'impôt des matières premières pour satisfaire aux exigences de ce paiement.

Si cette solution diplomatique et financière était agréée par les puissances, la libération du territoire français pourrait s'effectuer très rapidement, et si l'idée d'un arbitrage était également acceptée concernant la question romaine et celle du pouvoir temporel, la France pourrait y prendre sa part dans toutes les conditions normales, ayant recouvré la liberté complète de son action diplomatique.

Une considération majeure, qui pourrait encore militer en faveur de ce mode de solution diplomatique et financière, c'est que l'Assemblée nationale a épuisé à peu près toutes les catégories d'impôts applicables à la France; et, sauf l'impôt sur les matières premières, qui rencontrerait autant de difficultés intérieurement qu'extérieurement, l'on ne voit guère quels modes de taxes pourraient encore être votés.

Quant à la solution diplomatique, si l'idée d'une conférence à Paris pouvait être adoptée par les puissances signataires du traité de garantie du Luxembourg, la question du transfert du gouvernement à Paris pourrait alors se présenter d'elle-même, car il serait fort gênant pour les ambassades d'avoir à se transporter à Versailles, étant établies elles-mêmes à Paris. Et si l'Allemagne et la France adhéraient à cette solution de l'évacuation du territoire, l'Europe rentrerait dans sa situation normale au point de vue diplomatique, ce qui, chaque jour, devient d'une nécessité plus urgente.

Le ministre des affaires étrangères d'Italie a fait part à la Chambre des Députés, à Rome, d'une déclaration des puissances catholiques, formulant le désir d'entretenir des relations amicales avec le royaume d'Italie sur la base des faits accomplis.

Cette déclaration ne saurait être conlidérée comme une solution de la question romaine, pour deux raisons bien simples. Premièrement, tant que la Papauté n'aura pas accepté elle-même les faits accomplis, cette déclaration des puissances catholiques n'aurait qu'une portée fort incomplète; secondement, pour arriver à une solution logique de la question romaine, il serait très difficile de se passer du concours de la France, qui représente les droits traditionnels et primordiaux dans cette question. Or, ce n'est que par une entente de toutes les puissances avec la France que cette question importante pourra être réglée, et si l'Assemblée nationale ne considère pas que la solution de ce problème puisse entrer dans le cadre de son mandat, la France devra bien considérer qu'il sera temps pour elle de se donner un régime gouvernemental qui lui permît de rentrer dans le concert européen avec la plénitude des droits que lui confèrent les traités et ses antécédents traditionnels.

Or, si c'est en République définitive que la France désire se constituer, n'y aurait-il pas une inconséquence flagrante à se porter garante de droits souverains traditionnels extérieurement, lorsqu'intérieurement elle en ferait complétement abstraction.

Dans son discours à l'Assemblée nationale, avant la dernière séparation, M. Thiers a dit que l'Europe était indifférente à la forme de gouvernement que la France voudrait se donner. C'est d'une incontestable vérité, sauf sur un point : c'est que, pour ce qui concerne les questions extérieures, il est nécessaire que les actes du gouvernement français soient en harmonie avec la nature de son gouvernement. Or, en 1848, la République française allant renverser la République romaine, sous prétexte de droits souverains traditionnels, est une de ces anomalies comme il ne s'en présente dans l'histoire d'aucun pays. Actuellement la France ne présente pas l'exemple moins inconséquent d'un État sous forme républicaine, faisant des réserves auprès d'un gouvernement monarchique au sujet de certains droits de souveraineté monarchique imprescriptibles.

Or, au sujet de ces droits, le gouvernement italien ne pourrait-il pas répondre que la France, ayant mis de côté pour le moment le droit monarchique, de pareilles réserves ne sont pas de son ressort.

Certainement, ce n'est pas à l'Europe à insinuer à la France quel mode de gouvernement elle doit se donner ; c'est à la France elle-même à juger quelle doit être la nature de ce gouvernement, pour que ses actes soient en harmonie avec les principes qu'il représente et avec le mode de revendications qu'il pourrait avoir à formuler.

Il est, en outre, un point sur lequel il semble également nécessaire que la France en vînt à se mettre dans la logique vis-à-vis d'elle-même et vis-à-vis de l'Europe. Est-il rationnel qu'un pays fasse des réserves au sujet des droits temporels du Saint-Siége, tout en mettant les Encycliques à l'interdit ; de plus, de protéger des missionnaires d'un culte dont on repousse les déclarations canoniques comme le Syllabus.

Or, quand un pays se donne le suffrage uiversel pour résoudre toutes les grandes questions gouvernementales, il ne saurait cependant continuer sans inconvénients à laisser se prolonger de pareilles inconséquences qui, il semble, pourraient disparaître par l'application du droit commun en matière religieuse.

Un autre point très important sur lequel il serait nécessaire certainement encore à l'Europe d'être fixée, c'est de savoir au juste où la France place le principe de la responsabilité gouvernementale : — est-ce dans la nation ou dans le gouvernement ? — pour qu'il n'arrivât plus ce qui s'est produit après la dernière guerre lorsqu'un ministre du gouvernement de la Défense nationale est venu dire : « Nous n'avons pas voulu la guerre; donc, nous ne vous céderons ni un pouce de territoire ni une pierre de nos forteresses. » Si le suffrage universel n'est en France qu'un moyen de se soustraire à la loi du droit commun en matière gouvernementale et internationale, l'Europe ne saurait certainement admettre un pareil point de vue.

Quoi qu'il en soit, la France ne saurait s'attarder indéfiniment dans une pareille situation sans de graves inconvénients pour elle-même et les autres nations, et quelque naturel que soit son désir de vaquer à ses affaires, ce serait une décevante illusion de sa part que de vouloir chercher la sécurité dans un état de choses si mal défini.

Or, il faudra bien que la France en vienne à se décider pour arriver à un état de choses logique qui la place dans une situation normale vis-à-vis d'elle-même comme vis-à-vis de l'Europe, et certainement la France ne pourra y arriver qu'en faisant un appel solennel à la nation ; car ce n'est qu'à cette condition que la forme de gouvernement pourrait être considérée comme parfaitement légale par la France comme par l'Europe, vu que l'Assemblée nationale n'a reçu qu'un mandat restreint qui n'embrasse point l'organisation du gouvernement définitif.

Or, lorsque la France en viendra à la nécessité de prendre une décision à ce sujet, il faudra bien qu'elle se rende compte elle-même des conséquences inévitables qui résulteront du choix sur lequel elle se fixera.

Or, ces conséquences, il ne saurait être difficile de les préciser en se basant sur les antécédents qui se sont déjà produits dans des circonstances analogues. C'est ainsi que lorsque la France se constitua en république lors de la révolution de 1848, elle ne tarda pas à s'apercevoir qu'au point de vue extérieur, elle se trouvait dans l'impossibilité complète de constituer un système quelconque de rapports internationaux, et que le seul acte qu'il lui fût donné d'accomplir dans sa politique extérieure, ce fut un acte de politique monarchique, l'expédition de Rome, qui était la négation même du principe républicain.

Or, si la France se constitue de nouveau en république, elle ne saurait échapper au même dilemme, ce dont, du reste, la République actuelle a déjà pris le chemin en faisant des réserves en faveur des droits temporels du Saint-Siége.

Mais alors, se demandera-t-on, comment sortir de la situation actuelle et arriver à une situation logique avec la division des partis monarchiques et les aspirations républicaines d'une grande partie du pays? Sans doute que la République ne saurait être mise hors de question sans un verdict solennel de la nation.

Quant aux partis monarchiques, leurs divisions ne sauraient avoir un terme que lorsqu'ils arriveront à s'entendre sur un même but, de replacer la France dans la situation qu'elle doit occuper en Europe.

Or, cette situation doit consister dans la nécessité pour la France de reprendre son rôle de première puissance latine que le principe monarchique peut seul lui faire jouer, par la raison bien simple que les conditions de ce rôle sont posées et dictées depuis longtemps par la politique traditionnelle de la France ; et lorsque la République voulut s'essayer à ce rôle en 1848, elle n'aboutit qu'à l'impuissance ; à tel point, qu'au bout de quelques mois, M. de Lamartine avouait à un diplomate étranger qu'il ne savait plus que faire de la France. Quant au général Cavaignac, il fut, par la force des choses, obligé de rentrer dans le courant de la politique monarchique en entreprenant l'expédition de Rome, ce qui équivalait à la déchéance de la République.

Or, quel est en définitive le but que les partis monarchiques doivent se poser en France? C'est de constituer l'empire fédératif latin, car, en présence de l'unité fédérative germanique, en voie complète de formation, il ne saurait y avoir d'autre condition rationnelle d'équilibre pour l'Europe continentale que la formation d'un empire fédératif latin et d'un empire fédératif slave. Ce qui fait que si, en définitive, la France se prononce pour la monarchie, quelle que soit la branche dynastique qui montera sur le trône, elle ne saurait logiquement y monter, pour atteindre ce but, qu'avec le titre impérial.

Ce dilemme étant donné, lorsque l'Assemblée nationale aura considéré son mandat comme rempli, pourquoi ne poserait-elle pas, par voie de plébiscite, la décision ,suivante à

la nation : Choisir entre la République et la Monarchie, avec
trois candidats représentant les différentes nuances républicaines et trois candidats représentant les trois différents
partis monarchiques.

Si le pays votait pour la République, les trois candidats
républicains seraient mis aux voix ; si le pays votait pour la
Monarchie, les trois branches dynastiques seraient mises aux
voix. La branche aînée des Bourbons, la branche cadette et
la dynastie impériale ; car, la fusion n'étant point faite jusqu'à présent, la France ne saurait attendre indéfiniment une
réconciliation que beaucoup de considérations semblent de-
voir rendre fort difficiles, sinon impossible, pour le moment.

Le comte de Chambord, avec le prince Robert de Parme
pour héritier, aurait, pour constituer l'Empire Latin, les
antécédents historiques et traditionnels qui, depuis longue
date, ont préparé les éléments de cet empire.

Le comte de Paris a pour lui un mode de gouvernement
sympathique à la France, les mariages espagnols et l'alliance
de famille belge.

La dynastie napoléonienne a pour elle la campagne d'Italie et les cinq traités qui lui mettent la main dans toutes les
questions européennes.

Quant à la République, il est cependant une considération
que la France ne saurait mettre de côté, après les excès du
règne de la Commune et après les théories économiques qui
se sont produites à la Chambre sous le vocable de l'unité de
houille et l'unité de transport, c'est que l'établissement définitif de la République ne saurait aboutir, pour la France,
qu'à une banqueroute financière inévitable, car la République n'étant et ne pouvant être, en France, que le gouverne-

ment absolu des masses, sans direction, sans frein ni tradi-
tion légale, aucun obstacle ne saurait se présenter pour em-
pêcher l'application de pareilles théories économiques qui
seraient la ruine immédiate du pays.

La France se trouve donc en présence de ces deux di-
lemmes, entre lesquels il lui faudra choisir sans tarder, sinon les autres puissances se verraient, sans aucun doute,
forcées de tenter de s'accorder entre elles, sans la France,
sur les grandes questions qui se rapportent aux intérêts
généraux de l'Europe et des autres régions du globe.

Or, ces questions commencent à surgir les unes après les
les autres, et elles ne sauraient se résoudre logiquement que
par la participation de toutes les grandes puissances à leur
solution, ou tout au moins par l'accord des puissances dont
les intérêts sont identiques.

Mais, en tout cas, ce ne saurait être que par l'accord des
puissances ayant un gouvernement qui puisse contracter des
engagements en étant sûr de pouvoir les tenir lui-même, ce
qui ne peut être le cas qu'avec un gouvernement définitif.
Et, quelque puisse être la répugnance de la France pour
prendre un parti, il faudra bien qu'elle s'y décide, à moins
de se rayer elle-même du concert des grandes puissances.

De plus, la France devra bien finir par se rendre à l'évidence, que l'Europe et les autres puissances ne sauraient
prendre en considération l'état de division dans lequel elle
se trouve, pour attendre indéfiniment le terme de ces divisions, et qu'un particulier qui, dans un groupe social com-
posé de personnes appartenant à différentes nationalités,
prétendrait subordonner les affaires d'autrui à ses propres
indécisions ne saurait s'attendre à une patience indéfinie.

Il ne saurait être question d'insinuer que le gouvernement

actuel a manqué d'activité et n'a pas été à la hauteur du mandat difficile que lui a confié la France, mandat qui a été rempli certainement dans les conditions les plus satisfaisantes et à l'étonnement du monde entier, mais ce sera à la France elle-même à prendre sa propre direction lorsque ce mandat aura été complétement rempli, et ce ne saurait être que de l'initiative de la nation elle-même, que dépendra cette direction.

Dans l'état de division où se trouve le pays, cette décision semblera peut-être fort difficile à prendre, mais la France étant le pays des partis pris rapides, elle ne saurait montrer actuellement moins de détermination qu'elle n'en a montré dans d'autres circonstances de son histoire. Il s'agit seulement pour cela que le dilemme soit posé simplement et légalement, et que le pays sache à quoi en venir et quelles seront les conséquences de son choix.

Or, présenté sous le point de vue exposé plus haut, le dilemme entre la République et la Monarchie s'explique de lui-même par le but à atteindre et le moyen d'y arriver. Mais si la nation française n'est pas lasse encore d'être le champ clos des compétitions personnelles, sans un résultat défini à obtenir, elle ne saurait tarder à subir les cruelles conséquences d'une pareille faiblesse.

Quant aux trois partis monarchiques, il faudra bien, bon gré mal gré, qu'ils se fondent en un seul et que s'y adjoignent tous les républicains qui ont le souci de la grandeur et de l'unité nationale du pays.

Pour ce qui est de prétendre que la liberté légale n'est pas compatible avec le régime monarchique aussi bien qu'avec le régime républicain, il s'agit pour cela d'envisager la situation actuelle des États monarchiques et républicains.

Or, ne se produit-il pas des abus et des illégalités aux États-Unis, par exemple, comme en Angleterre ; quant à la liberté individuelle n'y est-elle pas aussi grande dans les deux pays.

Toutes les formes de gouvernement sont perfectibles ; mais le progrès dépend beaucoup plus du progrès et de l'initiative individuels que d'une autre cause.

L'Europe traverse actuellement une phase à la suite de laquelle elle devra inévitablement trouver sa nouvelle base d'équilibre définitif, et cette base ne saurait s'établir que par la conciliation du principe monarchique avec le principe national pour la raison bien simple que c'est le droit monarchique qui a été le fondateur du droit national. Ce qu'il importe donc à la France, c'est de se mettre au diapason avec les grandes puissances qui sont à la tête des races supérieures de l'humanité, qui tendent à s'agglomérer entre elles pour trouver leur équilibre définitif et leur clef d'harmonie universelle. Ce n'est qu'à ce prix que toutes les nations arriveront à un état de paix assuré et au désarmement général, ce qui est le vœu sincère que l'humanité désire de plus en plus voir se réaliser.

www.ingramcontent.com/pod-product-compliance
Lightning Source LLC
Chambersburg PA
CBHW051351060726
47596CB00005B/1862